T0067253

SPANISH TOGETHER 1

ALICE CROSBY

WESTBOW
PRESS®
A DIVISION OF THOMAS NELSON
& ZONDERVAN

Copyright © 2015 Alice Crosby.

All rights reserved. No part of this book may be used or reproduced by any means, graphic, electronic, or mechanical, including photocopying, recording, taping or by any information storage retrieval system without the written permission of the publisher except in the case of brief quotations embodied in critical articles and reviews.

WestBow Press books may be ordered through booksellers or by contacting:

WestBow Press
A Division of Thomas Nelson & Zondervan
1663 Liberty Drive
Bloomington, IN 47403
www.westbowpress.com
1 (866) 928-1240

Because of the dynamic nature of the Internet, any web addresses or links contained in this book may have changed since publication and may no longer be valid. The views expressed in this work are solely those of the author and do not necessarily reflect the views of the publisher, and the publisher hereby disclaims any responsibility for them.

ISBN: 978-1-4908-9941-1 (sc)
ISBN: 978-1-4908-9942-8 (e)

Print information available on the last page.

WestBow Press rev. date: 7/24/2015

Table of Contents

Preface

When I was an eleven-year-old middle school student, my mother, Nana Lucy, asked me, "Alice, why don't you consider becoming a Spanish teacher?" Puzzled, I replied, "But Mom, I'm studying French." She quietly came back with, "Soon there will be a call for Spanish." So what did I eventually do? I became a Latin teacher!

A photo of the late Nana Lucy appears on the cover of *Spanish Together 1*. She is holding her puppy, baby Ashley. Nana Lucy remains my inspiration and my guidance today, for as you can probably guess, I went from being a high school Latin teacher to Spanish teacher, as Mom long ago suggested. The *Spanish Together* series is unique in that it presents Spanish from a Latin teacher's perspective, applying classical training and a classical mind-set.

So for the past six years, I have been teaching fourth-grade students from *Spanish Together 1*. The students in grades five through eight have their own *Spanish Together* books, crafted especially for their grade level. However, you may begin whenever you like. I hope you enjoy the journey, as parents together with their children, teachers together with their students, and homeschooling families all together enjoy the "gypsy wagon" way of learning. Here verb logic is the focus, and the sight reading of translations remains central. From this springs a love of spoken communication. My *Spanish Together* website is www.SpanishTogether1.com. There you may listen to native speaker Sulma, parent of one of my students, as she pronounces each word. Let me know how it goes!

Peace and blessings for everyone together,

Alice

Acknowledgments

Mom, otherwise known as Nana Lucy, you are my inspiration always. You taught me subtleties in languages almost half a century ago in Brooklyn, New York. I learned the meaning of spaces between words, when words mean their opposite, when no words mean something, when not to use words, and so much more than could ever be learned from a book. So I dedicate *Spanish Together* to the memory of Lucy Richardson, my mother. I also dedicate *Spanish Together* to her dear lifelong friend who recently died, Mrs. Gloria Bueno.

Mrs. Traci Racklyeft, thank you for typing this! Vice Principal Sister Cabrini, thank you for your objective critical comments. And what a privilege to have you, Sulma Fuentes, a native speaker, proofing sentences! Mrs. Marian Conway, how grateful I am that, as you taught me Latin, you demanded that I maintain the highest teaching standards for myself. You also made sure that I demanded the highest performance standards from my students. Professor John Towle, thank you, as well, for recognizing and drawing out my gifts in Latin. How did you know? Also, forever I shall be grateful to you, Pat, and to Toni and Tammy, for your prayerful support, from "the little chapel in the glen!"

My gratitude goes out also to everyone else along the way, including my seventh-grade English teacher, Mr. Thomas Aquinas Murphy, who taught me the lost art of parsing and diagramming sentences; to Mr. Pier, boxing coach and fine teacher, who taught me discipline; and to Mrs. Gail Hurd, who cultivated in my heart a love for classical literature and so much more. And of course thanks to my students, especially those who have been using this *Spanish Together* series for the past six years. For all those whom I have not mentioned by name, thank you so much. Now, let's go to the Gypsy Wagons and learn Spanish!

Miss Alice lives in Connecticut, where she loves to garden and care for her cats. She has taught high school Latin I-IV, high school Spanish, college English, and middle school French and Spanish. She completed her undergraduate work at the University of Connecticut, Storrs. She earned her master's degree from Eastern Connecticut State University in Willimantic. She also studied languages at Connecticut College in New London, including classical Latin, the ancient Greek dialects of Attic and Homeric, as well as Parisian French. To Miss Alice, language is communication, and communication forges relationships. Everyone living together in peace and Gospel love—this is her dream. May the Spanish Together series help realize this.

Greetings, Expressions of Courtesy
Los saludos, expresiónes de cortesía

Write each Spanish word. This will help you learn to spell correctly. Do this for every vocabulary page.

1) hola—hi   _____

2) buenos días—good morning _____

3) buenas tardes—good afternoon _____

4) buenas noches—good evening_____

5) encantada / encantado—delighted_____

6) mucho gusto—much pleasure, pleased to meet you_____

7) igualmente—equally, likewise_____

8) gracias—thank you_____de nada—you're welcome _____

9) por favor—please_____

10) adios—good-bye_____

N.B. A girl will say, "encantada," and a boy will say, "encantado."

Colors

Los colores

Write each Spanish word.

1) rojo—red_____

2) blanco—white _____

3) azul—blue _____

4) negro—black_____

5) café—brown_____

6) verde—green_____

7) amarillo—yellow_____

8) rosado—pink_____

9) violeta—purple_____

10) anaranjado—orange_____

3

The Seasons of the Year

Las estaciónes del año

1) la primavera—spring_____

2) el verano—summer_____

3) el otoño—autumn_____

4) el invierno—winter_____

Days of the Week

Los días de la semana

1) lunes—Monday_____

2) martes—Tuesday_____

3) miércoles—Wednesday_____

4) jueves—Thursday_____

5) viernes—Friday_____

6) sábado—Saturday_____

7) domingo—Sunday_____

N.B. We do not capitalize days of the week in Spanish.

N.B. means "note well" in Latin. Nota Bene.

4
Numbers
Los números

0) cero_____

1) uno_____

2) dos_____

3) tres_____

4) cuatro_____

5) cinco_____

6) seis_____

7) siete_____

8) ocho_____

9) nueve_____

10) diez_____

5
Weather
El tiempo

1) ¿Qué tiempo hace hoy?—What's the weather doing today?

_____

2) Hace sol.—It's sunny._____

3) Hace calor.—It's hot out._____

4) Hace fresco.—It's cool, brisk._____

5) Hace frío.—It's cold._____

6) Hace viento.—It's windy._____

7) Hace buen tiempo.—It's beautiful._____

8) Hace mal tiempo.—It's bad weather._____

9) Llueve.—It's raining._____

10) Nieva.—It's snowing._____

N.B. *Hacer* is a verb meaning "to do" or "to make."
We shall study this verb later on.

The Months

Los meses

1) enero—January_____

2) febrero—February_____

3) marzo—March_____

4) abril—April_____

5) mayo—May_____

6) junio—June_____

7) julio—July_____

8) agosto—August_____

9) septiembre—September_____

10) octubre—October_____

11) noviembre—November_____

12) diciembre—December_____

N.B. We do not capitalize the names of months in Spanish.

School I

La escuela I

1) la maestra—the teacher_____

magistra—a woman teacher (in Latin)

2) la estudiante—the student_____

3) la mochila—the backpack_____

4) la pluma—the pen_____

5) la tiza—the chalk_____

6) la mesa—the table_____

7) la silla—the chair_____

8) la puerta—the door_____

9) la casa—the house_____

10) la iglesia—the church_____

N.B. *Schole* is an ancient Greek word meaning "leisure," hence the English word *school*.

NB. *Ekklesia* is an ancient Greek word meaning "assembly."

School II

La escuela II

1) la sala—the room _____

2) la sala de clase—the classroom_____

3) la hoja de papel—the piece of paper_____

4) la pizarra—the chalkboard_____

5) la tarea—the homework_____

6) la ventana—the window_____

7) la computadora—the computer_____

8) la muchacha—the high school girl_____

9) la chica—the middle school girl_____

10) la niña—the little girl _____

N.B. *la* = "the" (singular)   *las* = "the" (plural) for feminine nouns

School III

La escuela III

1) el maestro—the teacher_____

magister = a male teacher (in Latin)

2) el estudiante—the student_____

3) el libro—the book_____

liber = book (in Latin)

4) el cuaderno—the notebook_____

5) el papel—the paper_____

6) el lápiz—the pencil (lápices-plural) _____

7) el bolígrafo—the pen (boli)_____

8) el escritorio—the desk_____

9) el marcador—the marker_____

10) el autobús—the bus_____

N.B. *Auto* is from the ancient Greek meaning "self."

School IV

La escuela IV

1) <u>la</u> prueba—the quiz _____

2) el exámen—the test / exam_____

3) el repaso—the review_____

4) el ejemplo—the example_____

5) el ratón—the keyboard mouse_____

6) el globo—the globe_____

7) el juego wii—the Wii game_____

8) el muchacho—the high school boy _____

9) el chico—the middle school boy_____

10) el niño—the little boy_____

N.B. el= "the" (singular)   los = "the" (plural) for masculine nouns
However, the word él means "he."
N.B. La prueba is a feminine noun.

The Definite Article

El artículo definido

"the"

(f	la	las
(m	el	los
	s	p
	‿	‿

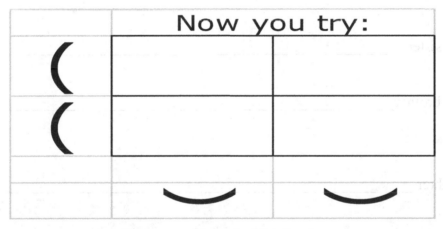

	Now you try:	
(		
(		
	‿	‿

Now try without looking back:

(		
(		
	‿	‿

The Family
La familia

1) la abuela—the grandmother_____

2) el abuelo—the grandfather_____

3) la madre—the mother_____

4) el padre—the father_____

5) la hermana—the sister_____

6) el hermano—the brother_____

7) la hija—the daughter_____

8) el hijo—the son_____

9) la tía—the aunt_____

10) el tío—the uncle_____

11) la prima—the girl cousin_____

12) el primo—the boy cousin_____

13) la amiga—the friend_____

14) el amigo—the friend_____

15) la amistad—the friendship_____

The Review
El repaso

Write these words in Spanish

1) los saludos—the greetings_____

2) los colores—the colors_____

3) las estaciónes—the seasons_____

4) los días—the days_____

5) los números—the numbers_____

6) el tiempo—the weather_____

7) los meses—the months_____

8) la escuela—school vocabulary_____

9) el artículo definido—definite article_____

10) la familia—the family_____

¡Buena suerte!

Good luck!

Section 2

15

The Gypsy Wagon

El carro gitano

Let's trace this "gypsy wagon."

Gypsies are traditionally from Romania and lived in wagons. The classical name for Romania is Dacia.

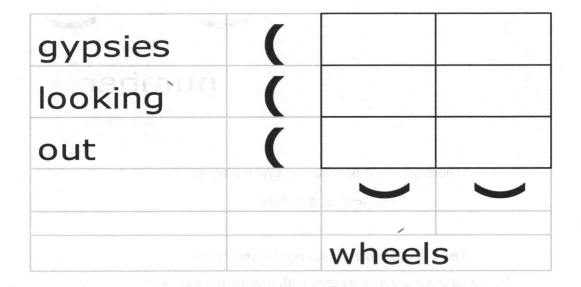

More Gypsy Wagons

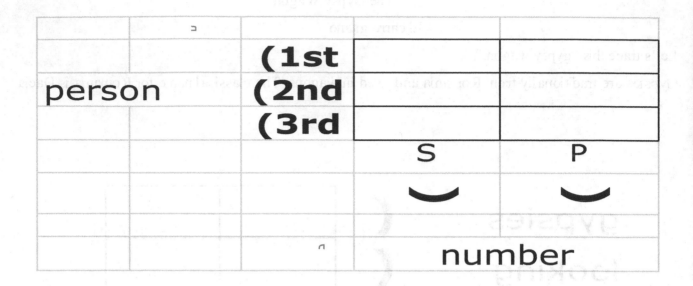

There are three persons in a gypsy wagon:

first, second, and third.

There are two numbers: singular and plural.

Now you draw a gypsy wagon, with person and number!

The Verb in Spanish

El verbo en español

First, let's learn the subject pronouns (the <u>who</u>):

In English			In Spanish	
I	we		yo	nosotros
you	you		tú	vosotros
he she it	they		él ella	ellos ellas

Now you try:

in English		in Spanish	

Review

El repaso

So now you can draw a gypsy wagon! You know person: first, second, and third.

You know number: singular and plural.

And you even know the pronouns (the who).

Let's put it all together here:

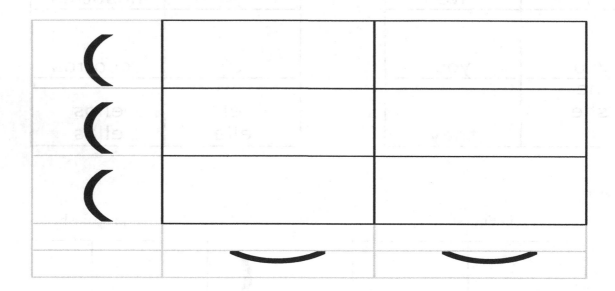

Hint: For person and number, say "1, 2, 3, S, P." Then write this on the gypsy wagon.

Infinitives in Spanish

Infinitivos en español

An infinitive is the "title" of a verb, the "to do" something.

1) bailar—to dance_____

2) cantar—to sing_____

3) hablar—to speak_____

4) escuchar—to listen <u>to</u> _____

5) mirar—to look <u>at</u> _____

6) estudiar—to study_____

7) llevar—to wear or to carry_____

8) llegar—to arrive_____

9) nadar—to swim_____

10) patinar—to skate_____

*11) jugar—to play_____

N.B. *Jugar* is a "stem—changing" (ue) verb; save this thought for later.

Adding infinitive to gypsy wagons

The infinitive goes on the roof of the gypsy wagon, like this:

mirar		
(1	yo	nosotros
(2	tú	vosotros
(3	él ella	ellos ellas
	s	p

Then, we circle the ar, underline what's left (called the root, or stem) and write =

mir (ar) = to look at

(1		
(2		
(3		
	s	p

Adding the root to gypsy wagons

Next write the root in each gyspy wagon window, like this:

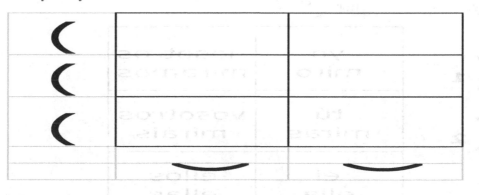

Mir (ar) = to look at

	yo mir	nosotros mir
(1	tú mir	vosotros mir
(2	él ella mir	ellos ellas mir
(3	s	p

Now you try:

(		
(		
(		

On the next page we learn the endings to the root *mir*.

The root, with endings added, is called a "conjugation," or a "conjugated verb." A conjugated verb is a verb whose endings change. We find them in the gypsy wagon windows.

Adding conjugations to the gypsy wagon

The endings for the *ar* infinitives you've learned are:

o	amos
as	áis
a	an

Now let's put it all together:

Now you try: mir (ar) =

	yo miro	nosotros miramos
1		
2	tú miras	vosotros miráis
3	él ella mira	ellos ellas miran
	s	p

Spanish Verb Endings

You try:

		o	amos					
(	1	o	amos		(			
(	2	as	áis		(			
(	3	a	an		(			
		s	p					

Remember to drop the *ar* from the infinitive; write the root in the gypsy wagon windows; and then add your endings (from above):

Bail (ar) = to dance   with the pronouns

					yo	nosotros
(	1	bail**o**	bail**amos**		yo bailo	nosotros bailamos
(	2	bail**as**	bail**áis**		tú bailas	vosotros bailáis
(	3	bail**a**	bail**an**		él ella baila	ellos ellas bailan
		s	p			

Review of Gypsy Wagons

El repaso

mirar = to look at

1	yo miro	nosotros miramos
2	tú miras	vosotros miráis
3	él ella mira	ellos ellas miran
	s	p

Let's Conjugate These Infinitives

lleg (ar) = habl (ar) =

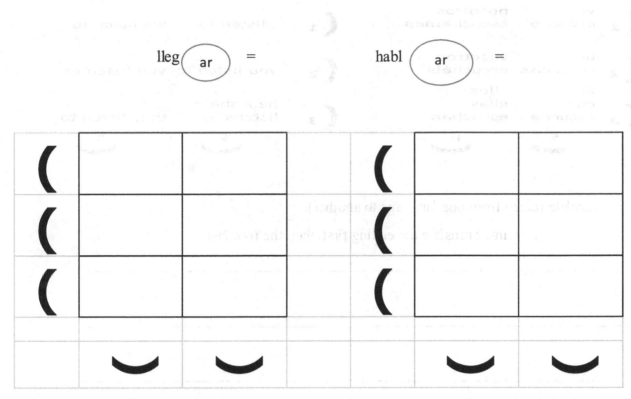

N.B. "LL" sounds like "y," so "yeah-gar" for "llegar." "H" is silent in Spanish, so "ahb lar" for "hablar."

Conjugations, Regular *ar* Verbs

escuchar = to listen to

(1	yo escuch**o**	nosotros escuch**amos**		(1	I listen to	we listen to
(2	tú escuch**as**	vosotros escuch**áis**		(2	you listen to	you listen to
(3	él ella escuch**a**	ellos ellas escuch**an**		(3	he / she listens to	they listen to
	s	p			s	p

Translate (carry from one language to another).

Hint: Translate the ending first, then the root last.

1) Miramos._____

2) Miro._____

4) Mira._____

5) Miran._____

6) Jugamos._____

7) Estudio._____

8) Nadan._____

9) Hablo._____

10) Hablas._____

27

Lets "Carry Across," or "Translate:"

1) Patino._____

2) Patina._____

3) Patinamos._____

4) Bailamos._____

5) Canto._____

6) Llegan._____

7) Vamos   a patinar—Let's go skate.
   (let's go)

8) Me gusta   bailar—I like to dance.
   (I like)

9) Te gusta   cantar—You like to sing.
   (you like)

10) Nos gusta   jugar—We like to play.
    (we like)

N.B. *Trans* in Latin means "across."

N.B. *Fer* in Latin and Greek means "carry."

N.B. *Latus* in Latin also means carried. Hence, "transfer" and "translate" mean "carry across."

Translation
Traducción

1. Draw a long "stop bar" after each period.
2. Highlight the conjugated *ar* verb in pink.
3. Translate word-for-word under the Spanish.
4. *Finish* a sentence before moving onto the next.

1) Hablo.   Hablas.   Hablamos.   Hablan.

_____

2) La   maestra   habla.   Los   estudiantes   escuchan.

_____

3) Mis (my) amigos   nadan   en   julio,   cuando (when)   hace   calor.

_____

4) Mi (my)   tía   y (and)   mi   tío   cantan.

_____

29

Translation

Traducción

1. Stop bar.

2. Pink highlighter for conjugated verb.

3. Translate under the Spanish.

4. One sentence at a time.

5. Do this for all translations.

1) Mi   prima   lleva   un (a)   sombrero (hat)   verde   hoy (today).

_____

2) Hoy   mi   hermano   escucha   la   radio.

_____

3) Mi   familia   canta en la   iglesia   los   domingos.

N.B. *Los domingos* literally means "the Sundays." Here, it means *on* Sundays. *El domingo* would mean "on Sunday" because "el" is singular.

N.B. We place orange parentheses around prepositional phrases. Some examples are "in church," "on Sundays," "in August," "with the family." Words such as *in*, *on*, *at*, and *with* are called prepositions.

Translation
Traducción

1) Jugamos   en   agosto.

_____

2) Estudiamos   en   septiembre.

_____

3) Jugamos   en   agosto   y (and)   estudiamos   en   octubre.

_____

4) Me   gusta   patinar.

_____

5) ¿Te   gusta   bailar?

_____

6) Nos   gusta   cantar.

_____

N.B. The "y" is a word, pronounced "eee." It means "and."   It is called a "conjunction," a connector word. Also, "gusta" is a conjugated verb.

Translation

Traducción

1) Mi madre canta en la iglesia el domingo.

_____

2) Mi padre canta con (with) tu (your) padre.

_____

3) Mi familia habla con tu familia.

_____

4) Mis amigos juegan con tus amigos.

_____

5) Mi prima patina con tu hermana.

_____

N.B. Remember:

    1. Stop bar.

    2. Pink highlighter for conjugated verb.

    3. Orange parentheses for prepositional phrases.

    4. Translate under each Spanish word.

    5. One sentence at a time, do not jump around.

Translation
Traducción

1) Estudiamos mucho (much).

_____

2) Estudio mucho con mi familia.

_____

3) En octubre, estudiamos en la escuela.

_____

4) Estudian los miércoles y los jueves.

_____

5) En diciembre, cuando (when) nieva, mi familia patina.

_____

6) Mi hermana y mi hermano cantan mucho.

_____

Translation

Traducción

1) Me   gusta   nadar   en   la   playa (beach).

_____

2) Nos   gusta   nadar   en   el   verano.

_____

3) Jugamos   en   julio   y   nadamos,   también (also).

_____

4) Nado   en   agosto   y   juego,   también.

_____

5) En   la   primavera,   estudian   mucho.

_____

6) Mi   familia   mira   la   televisión   los   lunes   y   los   jueves.

_____

Adding Prepositions

Some prepositions are:

      to= a

      at= en

      with= con

In Spanish

      to school = a la escuela

      at the beach = en la playa

      on Sundays = los domingos

      on Sunday = el domingo

      with my friend = con mi amiga

We draw orange parentheses around the entire phrase

      like this, but in orange:

      (a la escuela)

      (en la playa)

      (los domingos)

      (el domingo)

      (con mi amiga)

35
Translation
Traducción

1) Me   gusta   escuchar   la   radio   los   sábados.

_____

2) ¿Te   gusta   mirar   la   televisión   los   jueves?

_____

3) Mi   hermana   juega   cuando   hace   sol.

_____

4) Escucho   en   la   sala   de   clase.   Hablo,   también (also).

_____

5) Estudio   con   las   estudiantes,   en   la   escuela.

_____

6) Me   gusta   bailar   con   mi   familia   en   casa.

_____

N.B. When a word is the same in two languages, it is called a "cognate."

N.B. A sentence may have more than one conjugated verb.

N.B. *En casa* means "in house." In English we say "at home." It is a prepositional phrase.

Translation

Traducción

1) Nos   gustan   la   amistad,   la   familia,   y   la   iglesia.

_____

2) Mi prima   canta   mucho   en   casa,   cada   día (every day).

_____

3) Llevan   los   pantalónes   azules   en   la   escuela.

_____

4) Estudiamos   en   casa   los   sábados.

_____

5) Jugamos,   también,   en   la   escuela.

_____

6) Llevo   una   mochila   roja   cada   día   en   la   escuela.

_____

The Exam
El exámen

1) The "title" of a verb is called a(n)   a) conjugation   b) pronoun   c) ending   d) infinitive

2) The verbs whose endings change are called:

a) conjugations   b) pronouns   c) person   d) infinitive

3) "Singular" and "plural" signify:

a) person   b) number   c) root d) infinitive

4) *Ar* on the root of an infinitive translates to:

a) we   b) you   c) they   d) to

5) *Who* is doing this: bailamos, cantamos, nadamos:

a) I   b) you   c) we   d) they

6) SHE LISTENS TO the radio:

a) escucho   b) escuchas   c) escucha   d) escuchan

7) Me gusta,   te gusta,   and nos gusta all refer to:

a) liking   b) disliking   c) thinking   d) acting

8) "Person" refers to:

a) infinitive   b) root   c) who is doing the action   d) number

The Verb *Gustar*

- Gustar conjugates *only* in 3rd person.
- It is called an "impersonal" verb.
- The gustar gypsy wagon looks like this:

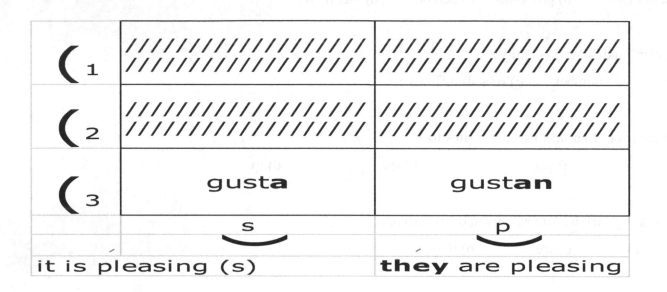

- So "gusta" means "it is pleasing"
- So "gustan" means "they are pleasing"

Now here's the gustar gypsy wagon again. Now with the pronouns added:

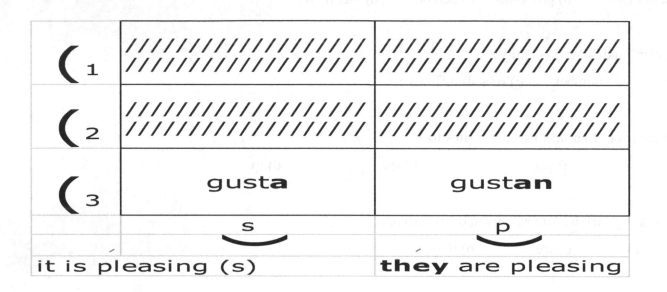

Gustar Made Simple

1) Me gusta = I like

2) Te gusta = you like

3) Le gusta = he or she likes

4) Nos gusta = we like

5) Les gusta = they like

Now you copy 1–5:

1)

2)

3)

4)

5)

N.B. Second person plural, *os gusta*, is usually reserved for literary words and works.

We study this much later on.

Translation
Traducción

1) Me   gusta   jugar   al fútbol (soccer).

_____

2) ¿Te   gusta   jugar   al tenis?

_____

3) La   chica   lleva   una   mochila   verde.

_____

4) El   chico   lleva   una   mochila   amarilla.

_____

5) Los   chicos   no   llevan   mochilas   azules.

_____

6) Nos   gusta   la   tarea.   Estudiamos   hoy.

_____

N.B. Do not translate the "al" in #1 and #2. It is simply part of the Spanish expression with sports.

N.B. _fútbol_ in most of the world means "soccer."

N.B. "No" makes the verb negative. It is not the English word _no_.

For example,   _Llevan_ = They wear.   _No llevan_ = They do _not_ wear.

Translation
Traducción

1) Llevamos unos bolígrafos, unos libros, y un cuaderno.

---

2) En marzo, cuando hace viento, jugamos al fútbol.

---

3) Canto en la iglesia con mis amigos.

---

4) Bailamos en casa los sábados.

---

5) Nadan en la playa, en el verano.

---

6) Jugamos en septiembre cuando hace fresco.

---

7) Me gusta bailar. Ella baila, también (also).

The Review

El repaso

Subject pronouns in English			Spanish pronouns			verb endings	
I	we		yo	nosotros		o	amos
you	you		tú	vosotros		as	áis
he she	they		él ella	ellos ellas		a	an

Verb logic: bail (ar)   = to dance

1	yo **bailo**	nosotros **bailamos**
2	tú **bailas**	vosotros **bailáis**
3	él ella **baila**	ellos ellas **bailan**
	s	p

1) infinitive—verb title—Always identify this.

2) root—(title minus the ar)

3) person—first, second, third

4) number—singular, plural

5) pronouns—yo, tú, él, ella, nosotros, vosotros, ellos, ellas

6) conjugations—verbs with changing endings, found in the gypsy wagon windows

7) conjugated verb endings

o	amos
as	áis
a	an

More Gustar
Más gustar

Me gusta =I like

Te gusta = you like

Le gusta = he / she likes

Nos gusta = we like

Os gusta = you like

Les gusta—they like

Me gusta**n** = <u>they</u> are pleasing to me

Te gusta**n** = <u>they</u> are pleasing to you

Le gusta**n** = <u>they</u> are pleasing to him / her

Nos gusta**n** = <u>they</u> are pleasing to us

Les gusta**n** = <u>they</u> are pleasing to them

N.B. *Gusta* is a conjugated ar verb, so it gets highlighted in pink in a sentence.

N.B. For now, we shall focus on gusta, not gustan.

Translation

Traducción

1) Me   gusta   bailar.   Te   gusta   cantar.

_____

2) Le   gusta   estudiar.   Nos   gusta   nadar.

_____

3) Le   gusta   bailar,   también.

_____

4) Nos   gusta   bailar   y   nos   gusta   estudiar,   también.

_____

5) ¿Te   gusta   nadar   o (or)   te   gusta   patinar?

_____

6) Me   gusta   escuchar   cuando   hablas.

_____

7) ¿Te   gusta   escuchar   la   radio,   o   te   gusta   cantar?

_____

N.B. We never highlight an infinitive, only a conjugated verb.

Translation
Traducción

1) Les   gusta   nadar   y   les   gusta   jugar,   también.

_____

2) Toda (all)   mi   familia   canta.

_____

3) Nos   gusta   cantar   mucho   en   casa.

_____

4) Me   gusta   jugar   al   ajedrez (chess)   con   mis   amigos.

_____

5) Nos   gusta   jugar.   No   les   gusta   jugar.

_____

6) Me   gusta   cantar   con   mi   familia.

_____

N.B. Remember stop bars at the end of a sentence.

N.B. Remember, we never highlight an infinitive, only a conjugated verb.

Translation
Traducción

1) Sí (yes).   Nos   gusta   estudiar   en   la   escuela.

---

2) Mis   amigos   juegan   los   viernes.

---

3) ¿En   qué (what)   meses   estudias   mucho?

---

4) Estudio   mucho   en   noviembre,   diciembre,   enero y febrero, marzo y abril.

---

5) Hablas.   Escucho.   Miran.   Patinamos.

---

6) Me   gusta   jugar   en   el   verano   con   mis   amigos.

The Clothing
La ropa

1) una blusa—a blouse_____

2) una falda—a skirt_____

3) una bolsa—a purse, handbag_____

4) una camisa—a shirt (camiseta=t-shirt)_____

5) una chaqueta—a jacket_____

6) una bata—a bathrobe_____

7) una corbata—a tie _____

8) unas sandalias—some sandals_____

9) unas zapatillas—some slippers_____

10) unas botas—some boots_____

N.B. The "indefinite article" is *una* = a(n)   and *unas* = some, for feminine nouns.

Clothing
La ropa

1) un vestido—a dress_____

2) un suéter—a sweater_____

3) un sombrero—a hat_____

4) un traje de baño—a swimsuit_____

5) un impermeable—a raincoat_____

6) un paraguas—an umbrella_____

7) unos pantalónes—some pants_____

8) unos pantalónes cortes—shorts_____

9) unos calcetines—some socks_____

10) unos zapatos—shoes_____

N.B. The "indefinite article" is *un*, which means a or an. *Unos* means some, for masculine nouns.

Translation
Traducción

1) Llevo un suéter en octubre, cuando hace fresco.

_____

2) Mis primas llevan un paraguas cuando llueve.

_____

3) Llevamos unos zapatos y unos calcetines.

_____

4) ¿Te gusta llevar una chaqueta en febrero?

_____

5) Llevo un traje de baño en la playa.

_____

6) Me gusta llevar un vestido en la iglesia.

_____

The Indefinite Article

El artículo indefinido

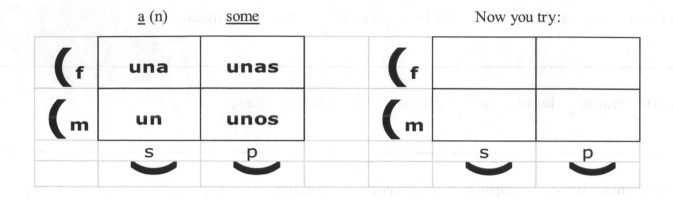

	a (n)	some		Now you try:	
(f	**una**	**unas**	(f		
(m	**un**	**unos**	(m		
	s	p		s	p

Now contrast this with the definite article "the:"

				Now you try:	
(f	la	las	(f		
(m	el	los	(m		
	s	p		s	p

N.B. Spanish does not always translate the indefinite article, so you do not have to include it in your translation. Simply be able to identify the indefinite article, and distinguish it from the definite article.

51

Translation

Traducción

1) Llevo unos pantalónes y una blusa.

_____

2) Llevas una falda y una camisa azul.

_____

3) ¿Te gusta llevar un sombrero cuando hace frío?

_____

4) Mi padre lleva una corbata rosada.

_____

5) Tu madre lleva un vestido verde.

_____

6) Nos gusta llevar unos pantalónes, los sábados.

_____

7) Cuando llueve, llevamos unos impermeables.

_____

The Review

El repaso

1) Me gusta bailar._____

2) Te gusta cantar._____

3) Le gusta nadar._____

4) Nos gusta patinar._____

5) Les gusta jugar._____

definite article   indefinite article

(f		
(m		
	s	p

(f		
(m		
	s	p

6) Llevo   una   corbata   a (to)   la   escuela.

_____

7) Nos   gusta   jugar   cuando   nieva.

_____

Fill-Ins

1) un calcetine_____

2) unos calcetines_____

3) los calcetines_____

4) una blusa_____

5) la blusa_____

6) las blusas_____

7) un paraguas_____

8) una falda_____

9) la falda_____

10) las faldas_____

Fill-Ins

1) una iglesia_____

2) la iglesia_____

3) las iglesias_____

4) unas iglesias_____

5) la mochila_____

6) una chaqueta_____

7) unas chaquetas_____

8) la chaqueta_____

9) unos suéteres_____

10) un suéter_____

Fill-Ins

1) los impermeables_____

2) un paraguas_____

3) las bolsas_____

4) una bolsa_____

5) unas bolsas_____

6) la bolsa_____

7) una camisa_____

8) unas camisas_____

9) la camisa_____

10) las camisas_____

Fill-Ins

1) una corbata_____

2) la corbata_____

3) el vestido_____

4) un vestido_____

5) las sandalias_____

6) unas sandalias_____

7) las botas_____

8) unas botas_____

9) los zapatos_____

10) unos zapatos_____

Exam

El exámen

1) Which is an infinitive:

a) bailar   b) gusta   c) cantamos   d) miran

2) "Me gusta"   means:

a) no   b) we   c) I like   d) dance

3) Which word means a dress: a) una vestido b) un vestido   c) unos vestidos   d) una corbata

4) "Gustar" literally means:

a) somehow   b) to sing   c) to be pleasing   d) to dance

5) "unos":

a) the   b) an   c) a   d) some

6) "las"

a) the   b) an   c) a   d) some

7) Hace frío. Llevo:

a) una corbata   b) una bolsa   c) una chaqueta   d) un traje de baño

8) Yo, tú, él, ella, nosotros, ellos, ellas are called:

a) conjunctions   b) conjugations   c) pronouns   d) infinitives

9) Which is the conjugated verb in this sentence:

Me gusta bailar.

a) me   b) gusta   c) bailar   d) there is none

10) La ropa: a) school b) weather   c) food   d) clothes

Gypsy Wagons

Los carros gitanos

Let's conjugate some infinitives. First recall the pronouns and endings:

	English Pronouns				Spanish Pronouns	
(				(		
(				(		
(				(		
	⌣	⌣			⌣	⌣

Verb Endings

mir (ar) =

(				(		
(				(		
(				(		
	⌣	⌣			⌣	⌣

Gypsy Wagons

Los carros gitanos

Let's conjugate some infinitives. First recall the pronouns and endings:

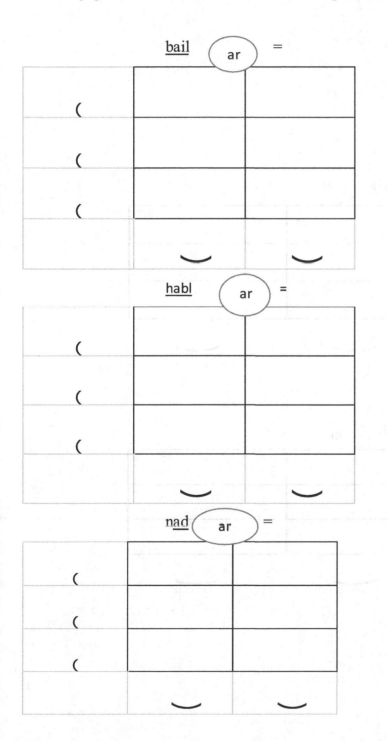

Gypsy Wagons
Los carros gitanos

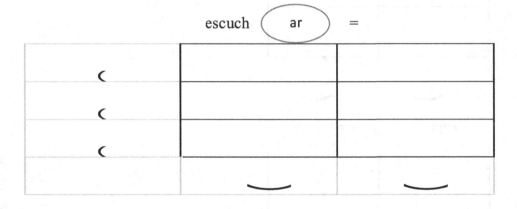

escuch (ar) =

estudi (ar) =

Gypsy Wagons
Los carros gitanos

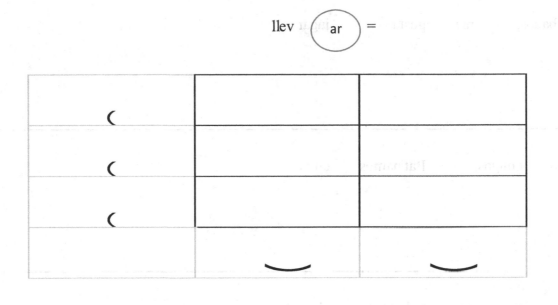

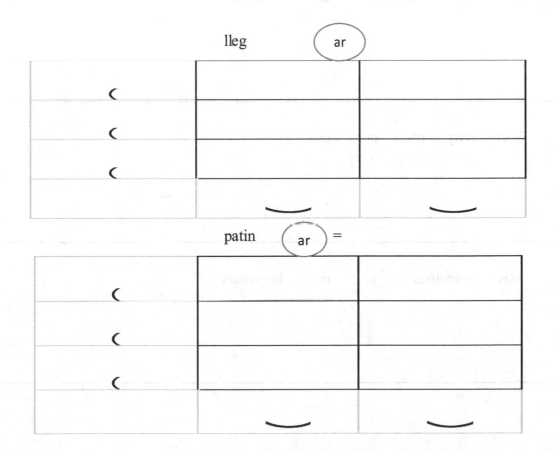

Section 3
Supplementary Challenge Translation
Traducción

Los   sábados,   me   gusta   jugar

_____

con   mis   amigos.   Patinamos   en

_____

diciembre,   y   en   todo (all)   el   invierno.

_____

Cuando   hace   muy   frío,   nos   gusta

_____

patinar.   Mis   hermanos   y   mis   hermanas

_____

63

patinan,   también.   Patinamos

cuando   nieva y   cuando   buen

tiempo   y   cuando   hace sol,   en   invierno.

Los   domingos,   mi   familia   canta

_____

en   la   iglesia.   Nos   gusta   cantar.

_____

Mi   abuela   canta   muy   bien   con

_____

mi   abuelo   en   la   iglesia.   Cantan

_____

en   casa,   también.   Cuando   hace

_____

mal   tiempo,   mi   prima y   mi   tía

_____

escuchan   la   radio   con   mi   padre

_____

y   mi   madre.   Me   gusta   escuchar   la música.

Review

El repaso

Bailo = I dance

No bailo = I do *not* dance

The *no* does not mean the English word *no*; in this context, it means "not." In other words, it makes the expression a *negative* expression.

Patinamos = We skate.

No patinamos = We do *not* skate.

Nos gusta cantar = We like to sing.
No nos gusta cantar = We do *not* like to sing.

Los   estudiantes   estudian   en

---

la   escuela.   Nos   gusta   estudiar.

La   maestra   habla   mucho,   y   todos

---

los   estudiantes   escuchan   muy

---

bien   cuando   habla.   En   la

---

sala   de   clase,   los   estudiantes

---

miran   la   pizarra.   No   hablan

---

mucho   cuando   la   maestro   habla   en

---

la   sala   de   clase.

Cuando estudio en casa,

___

no me gusta escuchar la radio.

___

Cuando escucho la radio, no me

___

gusta estudiar. Estudio en

___

casa con mi familia, y me gusta

___

escuchar la radio con mi familia

___

y con mis amigos, también.

___

Estudiamos y escuchamos la radio, también.

___

En   julio   cuando   hace   sol   y

---

hace   calor, no   me   gusta llevar

---

una   chaqueta.   Llevo un   traje

---

de   baño   cuando   nado   con   mi

---

familia y   mis   amigos   en   la   playa.

Nos   gusta nadar   cuando   hace

---

buen   tiempo.   No   nos   gusta

---

patinar   en   verano   cuando   hace

---

sol,   pero   (but) nadamos   en   la   playa.

69

Mi   hermano   lleva   unos   pantalónes azules

_____

en   la   escuela.   Él   lleva   una

_____

corbata,   también.   Mis hermanas

_____

llevan   unos   vestidos   en   la   escuela.

_____

Los   sábados,   toda   mi   famila

_____

lleva   pantalónes   cuando   jugamos

_____

o   patinamos.   No   nos   gusta

_____

llevar   unas   chaquetas   en   agosto

_____

cuando   hace   calor.

_____

Mi   primo y   mis   primas   bailan

_____

mucho.   Les   gusta   bailar,   pero (but)

_____

no   les   gusta   nadar.   Cantan,

_____

también.   Les   gusta   bailar   y

_____

les   gusta   cantar. A (to)   mis   primos

_____

les   gusta   la   música.   Mi

_____

madre   y   mi   padre   cantan   en

_____

la   iglesia   los   domingos,   también.

_____

Mi hermana lleva tres plumas,

_____

y mi hermano lleva tres lápices.

_____

Tu hermana lleva una mochila verde.

_____

Tus hermanos llevan muchos libros.

_____

Llevo un cuaderno en la escuela

_____

cada día, en la sala de clase.

_____

Mis primas llevan tres cuadernos,

_____

cuatro libros, y muchos lápices,

_____

también, en la sala de clase.

_____

Mi abuela canta con tu abuela.

Tu abuelo canta con mi abuelo.

Mi familia y tu familia cantan

---

en la iglesia los domingos.

Me gusta escuchar cuando

---

los abuelos y las abuelas cantan

---

en la iglesia. Nos gusta

---

escuchar la música en la iglesia.

En   la   sala   de   clase, la   maestra

_____

mira   el   globo, y   habla mucho.

_____

Estudiamos   y   llevamos   muchos

_____

libros en   la   escuela.   Los   estudiantes

_____

y   las   estudiantes   llevan dos   lápices,

_____

diez   bolígrafos,   y   mucho   papel.

_____

Me   gusta   los   cuadernos   verdes   en

_____

la   sala   de   clase.

_____

Me   gusta el buen   tiempo   en   el   verano.

En   junio y   en   julio,   nadamos   en

---

la   playa cuando   hace sol.   Cuando

---

hace buen   tiempo   los   viernes   en

---

verano,   mis   amigas   juegan   y   nadan

---

en   la   playa. Nos   gusta   jugar

---

cada día   en   agosto,   también.

Cuando   hace mucho   calor y   sol, jugamos.

Mis   primos   y   tus   primos   escuchan

_____

la   música.   Ellos   escuchan   la

_____

radio, y   cantan   todo   el   día.

_____

Cuando   escuchan   la   radio,   les

_____

gusta bailar,   también.   Escuchan

_____

y   bailan.   Mis   amigos   bailan

_____

con   tus   amigas   cuando

_____

escuchan   la   música   de   la   radio.

_____

A   mi   madre y   mi   padre,   les   gusta

muy   bien   las   estaciónes,   especialmente

la   primavera.   En   la   primavera,

me   gusta   cantar   todo   el   día.   En

abril   llueve,   y   en   mayo   miramos

las   flores (flowers).   Muchas   flores   llegan

en   mayo,   en   la   primavera,   cuando

llueve.   Mi   familia   mira   las   flores,

y   le   gusta   los   colores   de   las   flores.

A mis tías, les gusta llevar vestidos.

_____

Llevan unos vestidos azules, y

_____

unos vestidos verdes, también. Mi

_____

abuela y mi madre llevan unos

_____

vestidos, también. A mis tíos

_____

les gusta llevar unos pantalónes

_____

con unos calcetines y unos zapatos. En el

_____

invierno cuando hace frío y nieva,

_____

toda mi familia lleva unas chaquetas.

_____

78

Cuando llueve in abril, nos

___

gusta llevar un paraguas.

___

Llevan un impermeable, también.

___

En septiembre, cuando llueve

___

mucho y hace fresco, nos gusta

___

llevar un suéter o (or) una chaqueta.

___

Llevo un paraguas negro o café

___

cuando llueve en la primavera o

___

en el otoño.

___

The review
El repaso

- We read the sentence in Spanish.

- We highlight the conjugated ar verb in pink, drawing a stop bar at the end of the sentence.

- We place orange parentheses around the prepositional phrases.

- We parse *one* sentence at a time, stopping at the period. One sentence at a time = one thought at a time.

- We translate the parsed Spanish sentence into English.

En   el   otoño en   octubre   cuando

_____

hace fresco,   todos los   estudiantes

_____

estudian   mucho.   Les   gusta jugar,

_____

también.   Los   estudiantes   juegan

_____

al   fútbol, al   volibol,   y   al   beisbol

_____

también.   Me   gusta jugar al   fútbol

_____

con   mis   amigos.   Estudiamos   en

_____

la   escuela   los   lunes,   también.

_____

81

Nos   gusta   jugar   en   casa.

_____

Jugamos   los   sábados   con   las

_____

amigas.   Llevamos   pantalónes

_____

y   jerseys   los   sábados   cuando

_____

jugamos.   Los   domingos,   no   jugamos

_____

pero   cantamos   en   la   iglesia   con

_____

la   familia.   Jugamos   los   sábados

_____

y   cantamos   en   la   iglesia   los   domingos.

_____

The Review

el repaso

- Read the Spanish.

- Parse conjugated verb and prepositional phrases, with a stop bar after each sentence.

- Translate into English.

- *One* sentence at a time.

- Some prepositions you know:

  a = to

  con = with

  de = of, from

  en = in

- Some expressions you know:

  me gusta = I like   nos gusta we like

  te gusta = you like   les gusta = they like

  le gusta = he or she likes

The Infinitive *Jugar*

Jugar is an irregular (ar) verb.

That means it does not conjugate like the regular verbs.

Its root, or stem, changes to *jueg* in the "boot" only.

Here is the "boot":

jug (ar) = to play

(1	juego	jugamos
(2	juegas	jugáis
(3	juega	juegan

So jugar is a "boot verb," whose root, or stem, changes.

It is also called a "stem-changing verb."

Juego al fútbol. Me gusta

---

jugar al fútbol. Juegas al volibol.

Te gusta jugar al volibol.

Mi hermana juega al golf.

Le gusta jugar al golf.

Mis amigos juegan al tenis, y mi hermano juega al fútbol conmigo (with me).

Cuando   hace   frío   en   enero,

_____

mis   amigos y   yo   jugamos

_____

al   hockey   sobre (on)   el   lago (lake).

_____

Patinamos   sobre   el   lago, y   jugamos

_____

el   hockey,   también.   Me   gusta el

_____

lago   en   el   verano,   cuando   nadamos,

_____

pero   me   gusta el   lago   en   el   invierno

_____

cuando   patinamos   y   jugamos   el   hockey,

_____

también.   ¡ Vamos   a (let's go)   patinar   y   jugar!

_____

En la sala de clase, escucho a la maestra.

Miro a la maestra, y no

hablo cuando habla. Miro también

el papel sobre el escritorio.

Miro los libros y los cuadernos

sobre el escritorio de la maestra.

Estudio con mis amigas en la

sala de clase cada día, de

lunes a viernes. Estudiamos y escuchamos.

N.B. When an action verb has a person as a direct object, we add "a" before the person.

Los   lunes,   estudiamos   la

_____

ciencia (science)   en   la   sala   de   clase

_____

con   todos   los   estudiantes.

_____

Los   miércoles,   estudiamos   las   matemáticas.

_____

Estudio   la   ciencia   y   las   matemáticas

_____

con   toda   la   clase   en   la   escuela.

_____

Nos   gusta   estudiar,   y   nos   gusta   escuchar.

_____

88

Cuando   llego   a   la   escuela con

_____

mi   hermana   y   con   mi   hermano,

_____

escuchamos   a   la   maestra.   Llevamos   unas

_____

mochilas   azules.   Miramos   los   libros

_____

sobre   los   escritorios.   No   llegamos

_____

a   la   escuela   sin (without)   lápices y   sin   bolís

_____

en   la   escuela.   Estudiamos   cada   día,

_____

miramos   la   pizarra,   y   escuchamos   bien.

_____

Les   gusta   llevar las   sandalias

_____

en   agosto en   el   verano cuando

_____

hace sol   y   hace calor.   A   mí,

_____

me   gusta llevar los   zapatos.

_____

No   me   gusta llevar las   sandalias.

_____

Mi   hermana   lleva las   sandalias,

_____

y   mis   primas   llevan los   zapatos

_____

en   julio o   en   agosto   cuando

_____

hace buen   tiempo.

_____

N.B. *Mi* means *my*.   *A mí* means *to me*.

Me   gusta   bailar.   Bailo   mucho

---

los   sábados   en   casa   con   mi

---

familia   y   con   mis   amigos.   ¿Te

---

gusta   bailar?   Bailo   el   merengue,

---

y   bailo   muchos   otros (other)   bailes (dances).

¿Bailas   el   merengue   o   los

---

otros   bailes?   Las   familias   de

Puerto Rico   y   La   República   Dominicana

---

bailan   mucho   y   bailan bien.

Canto mucho   y   me   gusta cantar.

¿Cantas?   ¿Te   gusta cantar?

Mi   madre,   mi   padre,   mi   abuela,   y

---

mi   abuelo   cantan   en   casa cada

---

día,   especialmente (especially)   los   domingos.

Ellos cantan en casa y   en   la   iglesia,

---

también.   Cantamos   y   nos   gusta

---

cantar.   ¡Vamos   a   cantar !

The Review

El repaso

Some prepositions you know:

a = to

con = with

conmigo = with me

de = of, from

en = in, at

sin = without

sobre = on

We place orange parentheses around prepositional phrases. *El* and *los* usually mean "the" but sometimes with a day, they mean "on." For example, "el domingo" means "on Sunday," and "los domingos" means "on Sundays." We place the orange parentheses around these because they mean "on," rather than the usual "the."

Cuando   llegamos   a   la   escuela,

_____

estudiamos   mucho .   En   la   sala   de

_____

clase, miro   diez   escritorios,   muchas

_____

sillas, la   puerta y   tres   ventanas.

_____

Una   estudiante   mira   cuatro   cuadernos

_____

sobre   una   mesa. Un   otro (other)   estudiante

_____

mira   cinco   libros   sobre   el   escritorio

_____

de   la   maestra.   En la   escuela,   miramos

_____

muchos   libros y   muchos   cuadernos,   también.

_____

Mi   hermana   estudia   conmigo   y   con

mis   amigos   en   la   escuela.   Miramos

seis   cuadernos   sobre   una   mesa, y

siete   bolígrafos   sobre   un   escritorio.

Miro   ocho   lápices   sobre   mi   escritorio,

y   nueve   lápices   sobre   el   escritorio

de   mi   amiga.   Sobre   el   escritorio   de

mi   hermana,   miro   tres   libros y   dos   cuadernos.

95

Mis   hermanas   y   mis   hermanos

_____

y   yo   llegamos   a   la   escuela   los

_____

lunes,   los   martes,   los   miércoles,

_____

los   jueves,   y   los   viernes.   No   llegamos

_____

a   la   escuela   los   sábados   y   los

_____

domingos.   Jugamos   los   sábados,   y

_____

cantamos   en   la   iglesia   los   domingos.

_____

Nos   gusta   estudiar,   jugar,   y   cantar.

_____

The Review

El repaso

Some prepositions you know

    a = to

    con = with

    conmigo = with me

    de = of, from

    en = in, at

    sin = without

    sobre = on

A few conjunctions you know

    y = and

    pero = but

    o = or

N.B. Conjunctions are not prepositions. They are simply connectors. Remember: con = with, from the Latin cum, pronounced *coom.*

Jungo in Latin means "I join," so *conjunction* means joined with.

Me gusta estudiar, pero no estudio

_____

sin libros, cuadernos, y mi pluma.

_____

Cuando estudio bien, miro la pizarra,

_____

el libro, y a la maestra. Miro

_____

unos lápices sobre los escritorios de los

_____

otros estudiantes, y de la maestra,

_____

también. No estudio sin papel, sin

_____

muchas hojas de papel sobre mi

_____

escritorio en la sala de clase.

_____

Mi   familia   mira   la   televisión

---

los   sábados   cuando   llueve mucho

---

en   abril, en   la   primavera.   Luego (then)

---

cuando   no   llueve,   no   miramos   la   televisión.

Jugamos   al   fútbol   o   jugamos   al   beisbol.

Luego (then),   no   miramos   la   televisión,   no

---

jugamos,   pero   nos   gusta   estudiar.

¿Te gusta patinar sobre el lago

_____

en febrero, cuando hace frío y cuando

_____

nieva? Me gusta patinar en el

_____

invierno, en enero y en febrero, también.

_____

Pero no me gusta patinar sin una chaqueta

_____

y sin un gorro (winter hat). Llevo una

_____

chaqueta en noviembre, y en diciembre,

_____

y en enero, y en febrero, también,

_____

cuando hace frío y cuando nieva.

_____

Cuando mi familia llega en la

---

iglesia los domingos, me gusta

---

escuchar cuando mi madre y mi padre

---

cantan. Cantamos mucho y bien

---

en casa, pero no cantamos todo el día

---

en casa. No bailamos en

---

la iglesia, pero cantamos en la iglesia.

Nos gusta cantar y bailar cada día.

The Review
El repaso

1) Read *one* sentence at a time in Spanish.

2) Highlight the conjugated *ar* verb in pink; prepositional phrases get orange parentheses; a stop bar goes at the end of each sentence.

3) Lastly, translate into English.

Prepositions you know:

a = to

con = with

conmigo = with me

de = of, from

en = in, at

sin = without

sobre = on

Conjunctions (connectors) you know:

y = and

pero = but

o = or

An adverb you know :

luego = afterwards, later, then

N.B. An adverb answers how, where, or when. Now say that three times fast—how where when!

Me   gusta patinar sobre   el   lago,

_____

pero   no   me   gusta   patinar   cuando

_____

nieva.   Me   gusta patinar   con   mis

_____

amigos,   y   con   los   hermanos   de   mis   amigos.

_____

No   nos   gusta patinar   sin   chaquetas   y

_____

sin   un   gorro.   Luego,   llegamos   en   casa

_____

y   jugamos   o   hablamos

_____

con   mi   madre y   mi   padre.   Luego,

_____

nos   gusta patinar   de nuevo (again).

_____

N.B. *De nuevo* means again.

The Review

El repaso

Conjugate these two regular infinitives in the gypsy wagons:

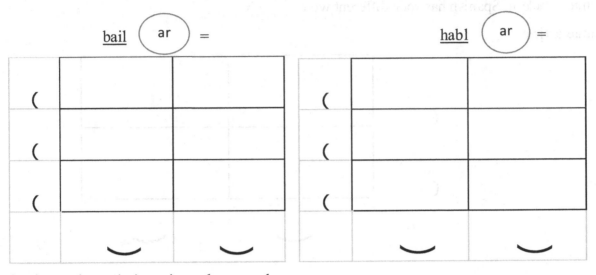

Conjugate jugar (ue), an irregular *ar* verb

Irregular   verb

jugar (ue) =

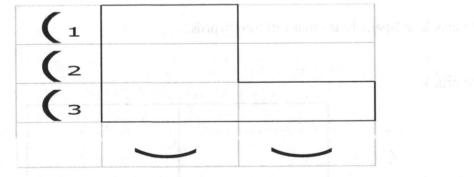

Now translate:

1) bailamos _____   4) mira _____

2) hablo _____   5) llegamos _____

3) juegas _____   6) llevan _____

The Review

El repaso

The definite article in English is the word *the*.

The definite article in Spanish has four different words.

The definite article

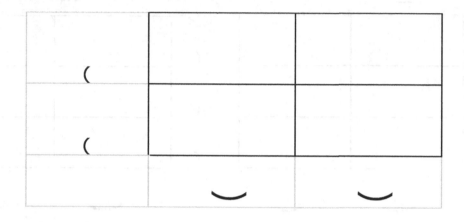

The indefinite article in English is the word *a / an,* in the singular.

In the plural, it is the word *some*.

The indefinite article in Spanish has four different words.

The indefinite article

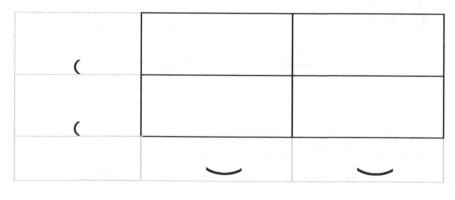

Mi abuela lleva un vestido azul, y

___

tu abuela lleva un vestido verde.

___

Me gusta llevar un vestido rosado

___

en la iglesia los domingos con

___

mi abuela.   A mi madre, le gusta llevar un

___

vestido, también.   Mis hermanas

___

llevan vestidos los domingos, pero

___

no llevan vestidos cuando juegan

___

al beisbol o al fútbol los viernes.

___

En enero, patinamos. No nos

---

gusta nadar. En abril, llueve mucho,

---

y jugamos mucho también en la

---

primavera. Nadamos mucho en el

---

verano, pero no nos gusta patinar

---

en julio. En mayo, cuando hace

---

buen tiempo, llegamos a la iglesia

---

con mi abuela y con mi abuelo.

Cantamos cada domingo en la iglesia.

Los martes, mi hermano llega a la

_____

escuela y estudia mucho. Él lleva

_____

tres bolís, dos lápices, cuatro

_____

libros, y un cuaderno, también.

_____

Mi hermano lleva una mochila café

_____

cada día en la escuela. Escucha a

_____

la maestra y estudia bien, también.

_____

Me gusta estudiar con mi hermano

_____

en casa, y con mi familia, también.

_____

108

Mi hermana mira a la maestra.

Ella escucha muy bien. Ella mira la pizarra,

también. A mi hermana, le gusta

llegar a la escuela cada día. Cuando

mira a la maestra, escucha bien.

Los estudiantes estudian con mi

hermana en la sala de clase

en la escuela. Toda la clase

estudia muy bien y escucha.

En   la   sala   de   clase, uso (I use)   un   lápiz.

Llevo muchos   lápices   en   la   escuela.

Mi   amiga   usa   un   marcador   azul.

Los   estudiantes   llevan   muchos   libros.

Miramos   el   globo   cuando   estudiamos.

Nos   gusta   usar   muchos   marcadores

---

cuando   estudiamos   en   la   sala   de   clase.

The Review

El repaso

Infinitives:

1) bailar = _____

2) cantar = _____

3) mirar = _____

4) escuchar = _____

5) estudiar = _____

6) hablar = _____

7) llevar = _____

8) llegar = _____

9) nadar = _____

10) patinar = _____

11) jugar = _____

111

Conjugations

Las conjugaciónes

bail (ar) =   habl (ar) =

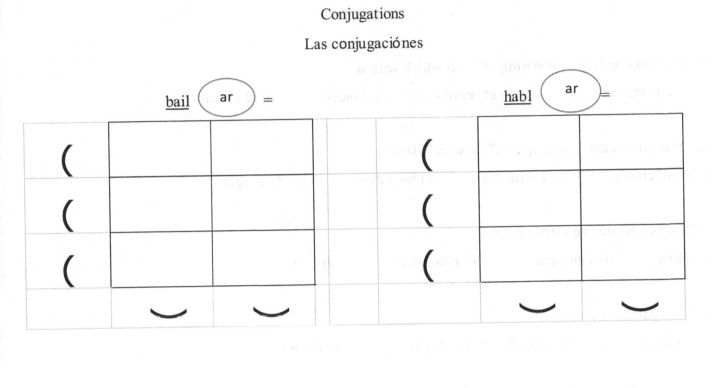

estudi (ar) =   jug (ar) =

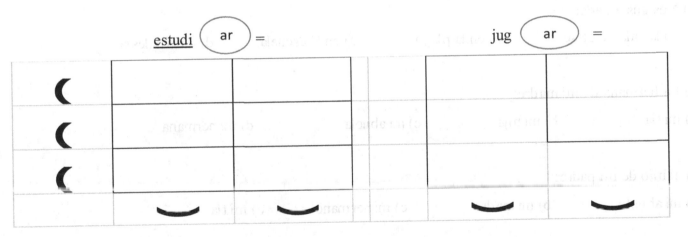

The Exam

El exámen

1)"Me gusta nadar con mis amigos" in which season:

a) la primavera   b) el verano   c) el otoño   d) el invierno

2) "Nos gusta cantar en la iglesia" on which days:

a) los miércoles   b) los martes   c) los jueves   d) los domingos

3) Los estudiantes no estudian sin:

a) libros   b) sombrero   c) chaquetas   d) lago

4) Ellas patinan sobre:

a) la pizarra   b) el papel   c) el lago   d) la casa

5) Nos gusta nadar:

a) en la sala de clase   b) en la playa   c) en la escuela   d) en la iglesia

6) La hermana de mi madre:

a) mi tía   b) mi hija   c) mi abuela   d) mi hermana

7) el hijo de mi padre:

a) mi abuelo   b) mi madre   c) mi hermano   d) mi tía

8) Llegamos means:

a) we wear   b) we look at   c) we dance   d) we arrive

The Other Exam
El otro exámen

1) Which word is not a conjunction?

a) o   b) a   c) y   d) pero

2) What does a conjunction do?

a) separates   b) explains   c) spells   d) connects

3) Which word is not a preposition?

a) o   b) a   c) en   d) de

4) What answers how, where, or when?

a) adverb   b) adjective   c) infinitive   d) conjugation

5) What does "de nuevo" mean?

a) of nothing   b) for something   c) again   d) never

6) Llegar is a(n):

a) conjugation   b) infinitive   c) conjunction   d) preposition

7) Llegamos is a(n):

a) conjugation   b) infinitive   c) conjunction   d) preposition

8) Luego is a(n):

a) conjunction   b) adverb   c) preposition   d) noun

Printed in the United States
By Bookmasters

Printed in the United States
By Bookmasters